ÉLOGE FUNÈBRE

DE M. L'ABBÉ

PAUL LE TELLIER

Chanoine honoraire de la Cathédrale d'Angers et Aumônier des Religieuses de Saint-Charles

PRONONCÉ

DANS LA CHAPELLE DE LA COMMUNAUTÉ

LE 30 MARS 1876

PAR

M. L'ABBÉ S. GARDAIS

CHANOINE HONORAIRE
SUPÉRIEUR DE L'EXTERNAT SAINT-MAURILLE

†

ANGERS

IMPRIMERIE P. LACHÈSE, BELLEUVRE ET DOLBEAU
13, — Chaussée Saint-Pierre, — 13.

1876

ÉLOGE FUNÈBRE

DE M. L'ABBÉ

PAUL LE TELLIER

ÉLOGE FUNÈBRE

DE M. L'ABBÉ

PAUL LE TELLIER

Chanoine honoraire de la Cathédrale d'Angers et Aumônier
des Religieuses de Saint-Charles

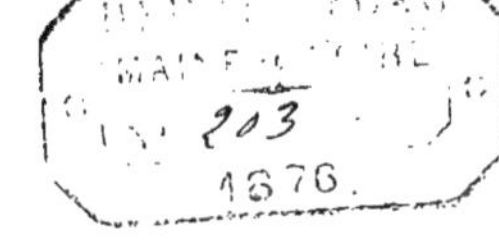

PRONONCÉ

DANS LA CHAPELLE DE LA COMMUNAUTÉ

LE 30 MARS 1876

PAR

M. L'ABBÉ S. GARDAIS

CHANOINE HONORAIRE
SUPÉRIEUR DE L'EXTERNAT SAINT-MAURILLE

†

ANGERS

IMPRIMERIE P. LACHÈSE, BELLEUVRE ET DOLBEAU
13, — Chaussée Saint-Pierre, — 13.

1876

> Vita vestra est abscondita cum Christo in Deo.
>
> Votre vie a été cachée en Dieu avec Jésus-Christ. (Ad Coloss. III, 3.)

Mes chères Sœurs,

Ces paroles, que j'emprunte à saint Paul, je les adresse au cher défunt, dont vous avez voulu l'éloge dans cette chaire, où il vous parlait lui-même, et j'ai pensé qu'elles résumaient bien tout ce que je savais de lui, et tout ce que vous m'en avez appris.

Seulement, en jetant un regard sur cet auditoire nombreux et distingué, j'aperçois, parmi ceux qui m'écoutent, plus d'un ami, plus d'un vénéré confrère, qui auraient dû parler à ma place, et qui, bien mieux, eussent mis sous vos yeux, et dans tout son jour, la belle vie sacerdotale de votre digne Aumônier. Si j'ai accepté cependant, c'est que j'ai eu tort de céder à deux sentiments que voici :

Le premier, mes chères Sœurs, est un sentiment d'affection et de reconnaissance pour votre Congrégation. Je l'ai trouvée, dès mon enfance, au pays natal, auprès d'un prêtre d'un beau talent et d'une grande vertu, qui était ce vénérable M. Papin, de Thouarcé, l'un de vos premiers Bienfaiteurs. Après avoir donné à Saint-Charles une riche Obédience, dotée avec son patrimoine, il lui fit encore un don plus riche, en lui donnant une jeune novice, formée par lui avec une prédilection toute paternelle, devenue ainsi l'héritière de ses belles qualités, et sous la direction de laquelle votre maison devait arriver rapidement à la prospérité d'aujourd'hui.

Plus tard, j'ai retrouvé vos Sœurs dans la paroisse qui m'était confiée, et je n'oublierai jamais avec quel zèle infatigable et quel dévouement absolu elles secondèrent ma laborieuse mission. Et voici que, présentement encore, elles sont là, dans cette œuvre naissante de Saint-Maurille, lui apportant un concours, auquel il n'est que juste d'attribuer une part de nos premiers succès.

Après la reconnaissance, ce qui m'a déterminé, c'est l'attrait particulier que j'ai toujours senti pour la personne et le caractère de M. l'abbé Le Tellier. Il est vrai, je l'ai vu et entretenu rarement, assez de fois cependant pour le deviner, pour comprendre quel prêtre d'élite il était, quelle délicate nature il possédait, pour m'expliquer comment il était impossible de l'approcher, sans concevoir aussitôt pour lui une sympathie profonde et une singulière estime, qui ne faisaient que grandir, en le connaissant davantage.

C'est que M. l'abbé Le Tellier était effectivement un prêtre remarquable par la distinction de son esprit et par la perfection de sa piété. On voyait de suite que, si Dieu lui avait beaucoup donné, lui, de son côté, avait bien profité de ces dons, en servant Dieu avec une fidélité vraiment sacerdotale, et en l'aimant sans partage et sans mesure.

Ce sont, mes chères Sœurs, ces deux dernières pensées, que j'essaierai de vous développer; et, afin de mériter votre attention, afin d'honorer, comme il conviendrait et comme vous le souhaitez, cette chère mémoire, je commence par demander à Dieu, et vous aussi demandez-lui, qu'il veuille bien mettre dans ma parole quelque chose de cette force persuasive et de cette douce lumière, qui remplissaient la sienne, et vous la faisaient toujours entendre et garder avec un si grand profit pour vos âmes.

I

Dieu, dans ses relations avec nous, manifeste surtout sa bonté. Cette bonté nous précède sur la terre, nous y accompagne, sans nous abandonner un instant, nous attirant sans cesse au but qu'elle veut nous faire atteindre, et qui est sa gloire, mais sa gloire par notre perfection acquise et par notre éternelle béatitude. Le milieu, dans lequel elle nous place, le pays, le temps, la patrie, la famille, les circonstances, qui nous environnent et nous enveloppent, tout cet ensemble de choses, dans lequel se meuvent d'une part la Providence, de l'autre notre liberté, constitue ce qu'on peut appeler l'histoire extérieure de chacun de nous. Diverses sont ces dispositions de Dieu, différents sont ces dons. A l'un il donne plus, à l'autre moins, mais il donne toujours, et les responsabilités et les mérites sont en raison du nombre et de la grandeur des bienfaits accordés. Et, c'est en étudiant ces préliminaires et ces attentions providentielles, qu'on découvre les desseins de Dieu, et qu'on saisit les gages de sa bonté.

En ce qui regarde M. l'abbé Le Tellier, il faut avouer que Dieu fut singulièrement généreux.

Il naquit à Angers, en 1811, et trouva la foi, la fortune, les plus honorables traditions dans la famille, dont il comblait les vœux par sa naissance. Son père appartenait à ce grand corps de la magistrature française, qui, en tous les temps, a rendu les plus loyaux services à la nation, et qui, aujourd'hui encore, après tant de changements accomplis, nous reste comme un des plus fermes remparts de l'ordre social menacé. C'était un conseiller de la Cour, intègre, et jouissant d'une universelle considération; mais c'était aussi un chrétien de vieille roche, qui donnait à son foyer et dans la vie publique le salutaire exemple de la pratique religieuse. Il mourut jeune encore, laissant à Mme Le Tellier deux enfants avec une éducation à peine commencée.

Heureusement, c'était une mère chrétienne dans toute la force et la beauté de l'expression, et c'est à elle que son fils, plus tard, sera redevable, après Dieu, de tout ce qu'il a été et de tout ce qu'il a accompli parmi nous.

Elle appartenait à une famille, qui depuis deux siècles avait ses titres de noblesse, et qui dans la suite s'était alliée aux plus beaux noms de l'Anjou et de la Touraine. Elle avait encore de plus grands avantages, possédant une foi profonde, une charité inépuisable, une naturelle élévation d'esprit et de cœur Que vous dirai-je d'elle? Vous l'avez tous connue, tous vénérée. La mère et le fils ont vécu ensemble de longues années dans la plus étroite union, paraissant n'avoir qu'une même âme et qu'un même amour, qui se réflétaient jusque dans les mêmes traits du visage, en sorte qu'il est bien difficile de se rappeler l'un, sans apercevoir aussitôt la douce image de l'autre.

La religion, mes chères Sœurs, est la meilleure institutrice des hommes, non-seulement parce qu'elle les connaît mieux que personne, mais parce qu'elle connaît aussi mieux le but, qu'il faut atteindre dans l'éducation, et les moyens pour y arriver. Mme Le Tellier obéit complétement aux inspirations et aux enseignements de la religion dans la tâche qui lui incombait. Sans rien négliger de ce qui pouvait hâter le développement intellectuel de son enfant, qui montrait de rares aptitudes, elle s'appliqua surtout à la culture des germes de vie surnaturelle et divine, que le baptême avait déposés dans son âme. Elle n'attendit point les années, pour mettre dans son éducation la force et l'énergie, qui font l'éducation solide et sérieuse. Elle lui fit prendre de bonne heure des habitudes de prière, de travail, de sévérité pour lui-même, de dévouement pour les autres, habitudes qui devaient être fidèlement gardées jusqu'à la fin.

Il n'est pas douteux qu'en voyant les heureux résultats, qu'elle obtenait, Mme Le Tellier, attentive aussi aux volontés et aux bénédictions du ciel, n'ait conçu bien vite l'idée et l'espoir de voir revivre en son fils un de ses grands oncles de glorieuse et sainte mémoire.

Elle était, en effet, la petite-nièce de M. l'abbé Cassin de La Loge, dont la biographie a mérité de prendre place parmi celles des saints personnages de l'Anjou. Chanoine de la cathédrale, directeur des dames Carmélites, il eut deux fois l'honneur, pendant sa vie et après sa mort, d'être présenté à tout le clergé du diocèse, d'abord par Mgr de Vaugiraud, puis par Mgr Couet du Vivier de Lorry, comme un modèle achevé de science et de vertu. Lorsqu'il mourut, un chanoine de Saint-Maurille, en prononçant son éloge, ne craignit pas d'exprimer hautement l'espérance qu'un jour l'abbé Cassin serait élevé sur les autels. Et en effet, dans ce but, immédiatement avant la révolution, le célèbre abbé Proyart fut chargé d'écrire sa vie. On lui remit, en conséquence, tous les matériaux qui pouvaient faciliter son travail, et ce fut un malheur, car ces précieux documents furent dispersés et perdus pendant les mauvais jours, et la cause abandonnée sans retour. Qu'il me soit permis de relever et de traduire, pour vous les citer, quelques lignes de l'inscription, qu'on lisait sur un beau mausolée, que les Carmélites firent élever dans leur chapelle à l'abbé Cassin. Ces lignes semblent écrites d'hier, et pour l'arrière-neveu : « Il était versé dans les choses divines, indulgent pour les autres, sévère pour lui-même, d'un visage souriant, d'une élocution facile, d'une société aimable, pleine de charme et de mansuétude, *mansuetudine amabilis et eximiâ societate;* enflammé de l'amour divin et de zèle pour le salut des âmes, il était à la fois la gloire et le modèle des prêtres, *cleris decus et exemplum.* »

S'il est vrai, mes chères Sœurs, que Mme Le Tellier se soit proposé son grand-oncle comme l'idéal à réaliser dans son fils, il faut convenir qu'elle a touché le succès de bien près. Mais ne devançons pas les temps. Paul n'avait encore que douze ans à peine ; l'heure était venue de l'envoyer au collége.

Deux choses sont certaines sur l'enseignement public : c'est qu'il doit être l'extension, la prolongation de l'enseignement de la famille ; c'est que l'Église a reçu de Dieu la mission d'enseigner, et que mettre des entraves à l'accomplissement de cette mission est un grave attentat contre l'autorité sainte de la religion et contre les droits les plus sacrés de la conscience. A cette époque de 1824, le diocèse avait depuis longtemps déjà un enseignement public dans ces conditions-là ; il possédait un collége, dont le nom éveille toujours les meilleurs souvenirs, et rappelle de grands services rendus à la religion et à la société. C'était le beau temps de Beaupreau.

On ne dira jamais assez, ni avec assez de reconnaissance tout ce que cet établissement a fait, après la Révolution, pour la renaissance de l'Église d'Angers, et en particulier pour le renouvellement du clergé. Sous la direction d'un maître de la jeunesse incomparable, qui était ce bon, aimable et vénéré M. Mongazon, il offrait toutes les garanties, que pouvait souhaiter le cœur le plus exigeant d'une mère chrétienne. Des études solides, un esprit excellent, une piété franche et sincère y fleurissaient, grâce à l'influence religieuse d'une autorité incontestée et essentiellement paternelle.

Aussi Paul Le Tellier, en entrant à Beaupreau, s'y trouva à l'aise dès le premier jour ; il y vécut comme au foyer de sa famille, et y continua de grandir en grâce et en sagesse devant Dieu et devant les hommes.

Ses talents et son travail le mirent bientôt en

évidence dans sa classe. On ne tarda pas à remarquer son esprit réfléchi et plein de finesse, son goût pur, la distinction native de sa personne, son humeur enjouée et contenue, comme il arrive chez les adolescents, qui ont le cœur bon et la conscience tranquille. Il avait déjà le mot pour rire, jamais pour blesser. Ses professeurs et ses condisciples l'aimèrent également, et il conquit parmi eux de ces amitiés durables, qui naissent de préférence au printemps de la vie, qui en gardent les parfums, qui, en résistant aux coups du temps et aux froids calculs d'un autre âge, persistent jusqu'à la fin, et sont, comme le veut l'Écriture, un remède sur la terre et pour l'immortalité, *Fidelis amicus medicamentum vitæ et immortalitatis.*

L'accroissement de la vie divine en lui ne resta point en arrière des progrès intellectuels. Ceux, qui l'ont connu alors, nous ont dit que la modestie et la réserve lui étaient déjà naturelles, qu'il paraissait ignorer les avantages de la famille et de la fortune, ainsi que tout ce qui pouvait le mettre en relief. Il était simple, poli, confiant ; il priait bien, communiait souvent; il était docile, obéissant, s'enthousiasmait aux fêtes de la religion, et s'attachait de plus en plus à la foi de son baptême et de sa mère, qu'il chérissait toujours, et dont il était justement, à chaque retour auprès d'elle, l'orgueil et la joie.

Et il allait ainsi devant lui, où tout le conduisait, au plus haut, au plus parfait, au plus beau, comme cela doit être dans une véritable éducation chrétienne; et c'est en progressant toujours qu'il atteignit sa vingtième année, ressemblant alors à ce jeune homme de l'Évangile, dont il est dit : Jésus l'aima du premier regard, *Jesus intuitus eum dilexit eum.* Oui, Dieu l'avait beaucoup aimé, en le prévenant de tant de grâces, qui n'étaient pourtant que le prélude de grâces plus grandes encore.

Ses études terminées, il possédait une instruction réelle, un jugement droit, une intelligence ouverte et ornée déjà. A voir par les yeux du monde, rien n'était plus facile que de prédire son avenir. Étudier le Droit, occuper un jour dans la magistrature la place honorable occupée par son père, c'était pour lui une vocation indiquée d'avance, et que personne n'eût songé à contrarier. Mais Dieu, on l'a déjà assez pressenti, le voulait uniquement à lui. Il le regarda donc de nouveau, et, comme il lui plaisait toujours, il l'appela définitivement : Viens, lui dit-il, et suis-moi, *veni et sequere me !* Car il en est toujours de la vocation, comme au temps des Apôtres. C'est le Maître qui choisit, *elegi vos*, et l'important, pour celui qui est choisi, est de bien entendre et de ne pas résister.

Paul Le Tellier, à la parole de son Dieu, se leva aussitôt dans sa tendre et vaillante jeunesse, et s'écria : Seigneur, me voici, car vous m'avez appelé ! Et cet appel, accueilli sans doute plus d'une fois dans son enfance, puis médité pendant les années du collége, devint l'objet de toute son ambition, et la cause de son bonheur. Sa vocation fut absolue, sans hésitation, sans un seul jour de regret jusqu'à son dernier jour.

Le Grand-Séminaire fut la continuation de Beaupreau, comme Beaupreau avait été la continuation du foyer domestique. Là, dans le silence et dans la retraite, plus que jamais, l'abbé Le Tellier laissa la grâce achever en lui son travail, et, sous l'action divine, il parvint rapidement à la maturité, longtemps avant les années ; et, quand il se fut courbé sous le poids du sacerdoce, avec un vif sentiment de son indignité, il se redressa pourtant, fier et heureux d'avoir reçu la plus belle forme, que puisse prendre ici-bas la vie humaine. Rien, en effet, de plus glorieux que d'accepter, en tremblant mais en aimant, cette couronne sacerdotale, qui a ses épines comme celle du Maître, mais qui n'ensanglante le front de l'homme que pour l'amour des hommes et pour la gloire de Dieu. « Oui, heureuses, écrivait le pieux et éloquent abbé Perreyre, trois fois heureuses les âmes virginales, que, dès le matin de leur jeunesse, Dieu réjouit ainsi et prend pour son service, et qui, dans la marche grandissante de leur cœur, rencontrent de bonne heure le terme béni de l'absolu don de soi-même ! »

Les débuts de M. l'abbé Le Tellier furent indécis, et ne réussirent point à le fixer ; mais ils furent toujours heureux, comme son passé l'avait été. Ainsi, il ne resta qu'une année au Petit-Séminaire d'Angers ; mais cette année lui valut la bonne fortune de se faire tendrement aimer par un homme de Dieu, le Patriarche du Sacerdoce, l'honneur du Sanctuaire, que je n'ai pas besoin de nommer, et que nous voyons plier sous le poids des vertus et des mérites encore plus que sous celui des années ; et cette affection, il y attacha le plus grand prix, et la garda avec un soin jaloux comme une bénédiction de sa vie.

Vicaire de Saint-Jacques, son talent de parole, son aménité, sa charité lui gagnèrent tous les cœurs, et lui-même aima tellement cette paroisse, théâtre de ses premiers efforts, qu'il ne voulut jamais s'en éloigner.

Les quelques années, qu'il passa au Dépôt de Mendicité, lui suffirent pour y laisser les plus vifs regrets et des preuves de sa générosité et de son zèle, dont le souvenir ne s'est point effacé.

Mais, au sein même du sacerdoce, une part plus belle lui avait été réservée par une nouvelle attention de la Providence. Ici, je le sens, ma pensée, pour se dégager et se justifier, a besoin de quelques développements.

Le sacerdoce, mes chères Sœurs, renferme une grande diversité de fonctions : Il y a, dit saint Paul, division du travail et diversité de dons parmi nous, *divisiones operationum sunt.* Mais, entre tous les dons spirituels, ambitionnez surtout la prophétie, *æmulamini autem meliora charismata... magis autem ut prophetetis..* Mais qu'est-ce donc que la prophétie ? La prophétie, dit ce grand apôtre, c'est le don de parler aux hommes, pour les élever, les exhorter et les consoler, *nam qui prophetat hominibus loquitur, ad ædificationem, exhortationem et consolationem.*

Or, cette parole, qui dirige et élève, qui exhorte et persuade, qui console et cicatrise les plaies, n'est-ce pas celle du ministère sacré de la confession ? N'est-ce pas là la fonction propre, unique de l'aumônier? Est-il dans le sacerdoce même un art plus difficile que celui du gouvernement des âmes? Et quand les âmes à diriger, à exhorter, à consoler, ont une vocation qui les appelle à la perfection de l'Évangile, est-il un ministère, entre tous les ministères, qui demande une main plus habile, une sagesse plus consommée, une vertu plus complète, une science des choses divines plus étendue ? Du moins, ainsi pense l'Église, qui limite et restreint les pouvoirs vis-à-vis des épouses de Jésus-Christ, et ne les confie qu'avec une vigilance plus inquiète et une discrétion plus attentive.

De plus, les établissements ecclésiastiques et les congrégations religieuses de l'enseignement ont pris aujourd'hui, sous une forme nouvelle, une extension considérable, et nulle part peut-être plus remarquable que dans notre diocèse.

Assurément, il y a beaucoup de mal à dire du temps présent, beaucoup d'inquiétudes fondées ; mais, pour être juste, pour ne pas perdre courage, il faut dire également le bien, et indiquer les motifs d'espérer, qui nous restent. Or, parmi ces motifs, il est incontestable qu'on doit mettre au premier rang l'éducation meilleure qui se généralise. C'est l'éducation, qui élève ou abaisse les nations, qui les sauve ou qui les perd, suivant qu'elle est plus ou moins chrétienne. Eh bien, grâces en soient rendues à l'initiative courageuse et au zèle persévérant de nos Évêques, à quel degré de complète organisation l'enseignement religieux n'est-il pas arrivé parmi nous? C'est le fait le plus merveilleux et le plus consolant de notre histoire locale. Pour le saisir, en partie du moins, car ici il ne s'agit que de l'enseignement primaire, promenez un instant votre regard sur le diocèse entier, et comptez, si vous le pouvez, ces légions d'institutrices, qui sortent de la Salle-de-Vihiers, de Torfou, de La Pommeraye, de la Sagesse, de Sainte-Anne, de Sainte-Marie, de Saint-Charles, de toutes ces communautés, nées d'hier, qui en naissant semblent avoir reçu du Ciel, pour croître et se multiplier, les anciennes promesses des Patriarches, qui, partout où Jésus-Christ possède une demeure, sont venues en établir une autre pour les deux choses qu'il aime le plus, l'enfance et la pauvreté. Puis, si vous ramenez votre regard sur la cité angevine, quelle magnifique couronne la religion lui a faite, et, à la place de ses vieux murs écroulés et disparus, quels solides remparts pour elle que ces établissements de toute sorte qui l'entourent! Non, non, tout n'est pas désespéré! Elles viendront, ces générations élevées par l'Église, et elles béniront les dévouements, qui les auront faites plus chrétiennes, plus grandes et plus heureuses!

M. l'abbé Le Tellier, témoin de cet épanouissement extraordinaire de la sève religieuse, comprit le bien, qui allait s'accomplir, et souhaita secrètement d'y travailler.

Saint-Charles était venu comme au-devant de lui, en venant ici, sous ses yeux, poser sa pierre angulaire. La main ferme de son premier Supérieur lui avait tracé sa règle définitive, et avait imprimé aux études du noviciat un élan, qui ne s'est pas ralenti. Il ne vous manquait plus, mes chères Sœurs, qu'un aumônier. M. Bernier vous rendit ce dernier service, et le choix heureux, qu'il avait ménagé, fût-il son seul titre à votre reconnaissance, qu'il suffirait à faire vivre ici sa mémoire.

En entrant à Saint-Charles, M. l'abbé Le Tellier ferma l'oreille à ceux qui lui parlaient d'un plus brillant avenir. Il résolut de renfermer sa vie dans l'œuvre naissante, qui lui était confiée, et il eut la chance de pouvoir persévérer jusqu'à la fin dans sa résolution. Sa vie rencontra de la sorte l'unité, qui lui donna sa fécondité et sa force. Il n'eut qu'un désir, il ne poursuivit qu'un idéal : se dévouer parmi vous au Dieu qui l'avait comblé de ses dons, l'aimer et le faire aimer, grandir chaque jour dans cet amour, afin de le faire aimer davantage! Mais c'est là son histoire intérieure, qui commence, et qu'il me reste à vous raconter, en vous montrant en lui la réalisation de la vie cachée en Dieu avec Notre-Seigneur Jésus-Christ, *Vita vestra est abscondita cum Christo in Deo.*

II

Trois vertus fondamentales, mes chères Sœurs, constituent la vie cachée en Dieu avec Notre-Seigneur Jésus-Christ, et ces trois vertus sont essentiellement sacerdotales. Les montrer en action dans M. l'abbé Le Tellier, c'est ce que j'appelle raconter son histoire intérieure, c'est dire comment il a répondu à l'amour de son Dieu, c'est là qu'est son mérite, et par conséquent son éloge.

La première de ces vertus est la foi, *vita... in Deo...*, parce que la foi nous établit en Dieu, en nous introduisant dans sa vie propre et personnelle, en nous faisant ses fils adoptifs et les héritiers directs de sa béatitude. Par la foi, l'âme chrétienne adhère à la parole révélée, et enseignée par l'Église, et accepte docilement la loi également révélée, et alors elle est complète. Sans la foi, impossible de plaire à Dieu. Pour espérer en Dieu et l'aimer, il faut commencer par croire en lui. La foi est donc le premier rapport nécessaire, la première relation indispensable avec Dieu.

C'est évidemment aussi la première vertu sacerdotale. Le prêtre est élu et envoyé pour l'enseigner et la répandre ; il doit donc la posséder d'abord lui-même.

La seconde vertu, qui constitue la vie cachée en Dieu avec Jésus-Christ, c'est l'humilité, *vita abscondita*. Les mots le disent assez clairement. C'est la vertu distinctive de Jésus-Christ. Au dire des prophètes, il est le Dieu caché, *Deus absconditus*. Toute sa vie, il est resté dans la retraite la plus profonde, et, quand à la fin il lui a bien fallu se montrer au monde, il a été humilié jusqu'à la mort, et à la mort de la Croix. Qu'a-t-il prêché? L'humilité. Et dans l'Eucharistie, qui le renferme depuis dix-huit siècles, qu'est-il, sinon le Dieu toujours caché, *vere Deus absconditus?* Cette humilité, du reste, sauvegarde toutes les vertus, même la foi, qui est pourtant la racine de la justification.

Or, si le disciple de Jésus-Christ doit lui ressembler, que penser du prêtre? Les docteurs et les saints répètent qu'il est un autre Jésus-Christ, *sacerdos alter Christus*. Il sera donc humble et caché. Saint Paul veut qu'il soit revêtu de Jésus-Christ, *induimini Jesum Christum ;* mais comment en sera-t-il revêtu, s'il ne porte pas son royal manteau de l'humilité ?

Enfin, la troisième vertu, qui fait la vie cachée en Dieu avec Jésus-Christ, c'est l'amour même de Jésus-Christ, *vita cum Christo.* Cet amour est tout le but de la religion. Jésus n'est venu que pour se faire aimer. Il s'est fait petit enfant parmi nous, il a travaillé, il a souffert, il est mort, il a enseigné une doctrine, il a fondé une Église, toujours pour se faire aimer ; et c'est de son amour qu'il veut que la terre soit embrasée.

Est-il besoin de dire que cette vertu est encore essentiellement sacerdotale ? A quel signe le prêtre sera-t-il donc reconnu, sinon à son amour pour Jésus-Christ ? A quelle condition est-il prêtre et pasteur ? A la condition d'aimer Jésus-Christ, *amas me... pasce agnos.* Il doit faire connaître et aimer Jésus-Christ, mais comment, s'il ne l'aime pas d'abord lui-même ?

Et cet amour sacré doit être fort, et aller jusqu'au sacrifice, jusqu'à l'immolation complète. Jésus-Christ veut un amour pareil au sien, qui est allé jusqu'à l'excès. Il faut pouvoir répéter avec saint Paul : Je l'aime, et rien ne pourra jamais m'en séparer, rien, ni au ciel, ni sur la terre, pas même la mort!

Telle est la vie cachée en Dieu avec Jésus-Christ, et telle a été parmi vous, et sous vos yeux, pendant vingt-quatre ans, la vie édifiante de votre aumônier.

Ici, mes chères Sœurs, ce sont vos témoignages, que je vais invoquer. Vous seules pouviez révéler ce trésor caché en Dieu, et au milieu de vous. Ainsi que vous l'avez fait, je ne manquerai pas de citer ses paroles, parce que son âme s'y reflète, comme dans un miroir fidèle.

Et d'abord sa foi! Elle était complète et vivante. Son intelligence, déjà si belle, en était tout illuminée et agrandie. Vous avez remarqué qu'elle éclatait jusque dans l'accent de sa voix, et se laissait voir jusque dans la vive expression de son visage. En l'entendant, on sentait bien que jamais le doute ni une hésitation quelconque ne pouvaient effleurer ses ardentes convictions. Non-seulement il acceptait toute la doctrine et toute la loi révélées par Dieu et enseignées par l'Église ; sa piété filiale allait plus loin, et tenait son oreille toujours ouverte, son cœur toujours incliné, si un jugement était formulé, si une opinion était préférée, si un simple désir était exprimé par la suprême et infaillible autorité du Saint-Siége. Personne, du reste, n'eut, en toute circonstance, plus de respect et de déférence envers ses supérieurs, à tous les degrés de la hiérarchie.

Son attachement à l'Église romaine se confondait avec son attachement à la foi. Son amour pour le souverain Pontife ramenait son nom dans ses discours. Tous les jeudis, depuis de longues années, il disait la messe à son intention, et vous demandait de vous unir à lui, et de communier aussi pour l'Église, et son auguste chef.

Son premier voyage aux lieux célèbres du monde catholique fut un voyage de Rome, dans les derniers jours du Pontificat de Grégoire XVI. Toute sa vie, il se félicita de la joie qu'il avait éprouvée, en se courbant sous la main si ferme et en même temps si paternelle de ce grand pape. Souvent, depuis, il forma le projet, sans pouvoir l'exécuter jamais, de retourner dans cette Rome, qu'on ne quitte qu'à regret, et qu'en se promettant d'y revenir, et de voir aussi lui cet immortel Pie IX, abreuvé de tant de douleurs, couronné de tant de gloires, dont la vie semble un miracle perpétuel, que Dieu conserve au monde pour le consoler.

Toujours vivante, la foi de M. l'abbé Le Tellier donnait la vie à toutes ses actions, et maintenait habituellement son âme sur les hauteurs, dans l'ordre surnaturel et divin. Partout où la volonté de son Dieu l'appelait, il arrivait docile et soumis. Esclave du devoir, on ne l'entendit jamais se plaindre des sacrifices qu'il impose si souvent.

Vous m'avez dit quelle piété et quelle fidélité il apportait dans l'accomplissement de ses exercices religieux de chaque jour; comme il était édifiant, agenouillé sur son prie-Dieu pour se préparer à l'auguste sacrifice ou pour remercier l'hôte divin qu'il avait reçu; avec quelle exactitude il observait toutes les prescriptions de la sainte liturgie.

Mais quelle que fût la foi de M. l'abbé Le Tellier, il chercha toujours à l'éclairer encore davantage, par la prière sans doute, mais aussi par l'étude. Ce fut un prêtre instruit, aimant les livres, entretenant ses connaissances acquises, renouvelant sans cesse ses provisions épuisées. Aussi, ses instructions, préparées avec soin, renfermaient-elles un grand fond de doctrine, où les raisons et les preuves étaient exposées avec clarté..

Il ne cessa jamais non plus d'écrire, et il écrivait comme il parlait, avec facilité et une véritable éloquence, qui avait sa source dans une âme sincère et convaincue. Il a prononcé plusieurs discours, qui ont laissé une impression durable. On loua beaucoup les adieux touchants et pathétiques, qu'il adressa aux survivants de la catastrophe du pont de la Basse-Chaîne, qui avaient été l'objet de son zèle infatigable. Une retraite, prêchée au Petit-Séminaire de Rennes, obtint tous les suffrages des maîtres et des élèves, et la paroisse de Seiches garde encore le souvenir d'une mission, donnée par lui, il y a bien des années.

Quant à ses écrits, le premier par la date est une œuvre de sa jeunesse sacerdotale, et ne renferme que quelques pages. C'est une petite notice, consacrée à M. l'abbé Banchereau, curé de Montreuil, qu'il avait eu l'occasion de voir souvent. Cet essai respire un parfum de piété, et laisse deviner que l'abbé Le Tellier reçut du contact de ce prêtre, aussi savant que modeste, une influence décisive, et qu'il prit, pour modèle de la sienne, cette vie toute cachée en Dieu et dans l'étude et très-étroitement unie à Jésus-Christ.

En 1863, il se fit l'éditeur des lettres de sœur Saint-Martinien, qui forment deux volumes, et qu'il fit précéder d'une biographie très-édifiante de cette sainte religieuse. Tout le monde, à Angers, a connu cette intrépide sœur de charité, et se rappelle son dévouement, son entrain, son aimable caractère, son intelligence pleine de ressources, le respect et l'affection, qu'elle inspirait à tous ceux qui l'approchaient. Ses lettres, dans lesquelles elle dévoile la conduite de Dieu à son égard, et avoue des vertus pratiquées à un degré souvent héroïque, font tout à la fois l'éloge du confesseur et de la pénitente. Si celle-ci montre une docilité et un courage, qui lui attirent des grâces de choix, celui-là y apparaît comme un maître habile et consommé, qui devait aller plus loin que la science, et pratiquer lui-même les choses, qu'il enseignait et faisait accepter si bien. Quoi qu'il en soit, si la tombe de sœur Saint-

Martinien, déjà chargée d'ex-voto et visitée par la piété publique, devait recevoir une glorification plus grande encore dans l'avenir, si jamais l'attention de l'Église devait s'arrêter sur son nom, il est incontestable que celui de son directeur resterait inséparable du sien.

Une troisième notice, celle de son cousin Bernard de Quatrebarbes, est le chef-d'œuvre de M. l'abbé Le Tellier. Nulle part, il n'a mis plus à jour les richesses de son âme et de son cœur. Toutes les beautés aussi étaient réunies dans la courte existence de ce charmant jeune homme : une jeunesse laborieuse et conservée dans sa pureté première ; un talent cultivé et déjà couronné de succès ; un avenir et une fortune, qui s'offrent avec toutes les séductions, relégués au second rang ; un dévouement réfléchi et entier à la plus belle cause, qui puisse tenter un noble cœur ; une famille, illustre depuis longtemps, et que venait d'illustrer encore son oncle ; une vie atteinte dans sa fleur et sur les champs de bataille ; de longues souffrances supportées avec le courage d'un saint ; une agonie visitée et bénie par le vicaire de Jésus-Christ ; ses restes ramenés triomphalement au foyer de ses pères, qui les garde comme des reliques ; son éloge sur les lèvres des pontifes ; sa mémoire digne d'être placée à côté de celle des grands guerriers chrétiens ; son nom enfin entouré, comme d'une fraternelle auréole, par ceux de ses cousins, les trois frères du Reau et Georges d'Héliand ; voilà la légende, qui est retracée dans des pages émouvantes, dans un récit, qui accuse un réel talent d'écrivain, et dans lequel les pensées et les sentiments sont visiblement inspirés par le plus profond attachement à l'Église et par le plus pur amour de Dieu.

Après cela, il semble inutile de dire que M. l'abbé Le Tellier, dans ses relations avec ceux, qui ne partageaient pas, au même degré, ses convictions, professait sa foi, sans jamais la laisser ni affaiblir, ni diminuer par de lâches compromis. Il était trop élevé pour connaître la crainte humaine, trop intelligent pour jamais oublier que les opinions des hommes peuvent se tempérer l'une par l'autre et s'accommoder entre elles, et qu'il en est autrement des doctrines divines, révélées par Dieu même et placées par conséquent au-dessus et en dehors de toutes les transactions possibles. Mais, fidèle à sa foi, il savait aussi demeurer fidèle à la charité, et, par son aménité, par sa cordiale franchise, par ses attentions infinies à ne point blesser, il sut plus d'une fois faire tomber des préventions et ramener de l'erreur à la vérité.

C'est que son humilité égalait sa foi, et que l'humilité est toujours, entre les mains des Disciples de Jésus-Christ, un puissant moyen de persuasion. Jésus-Christ disait à ceux qu'il formait à la conquête du monde : Apprenez de moi que je suis doux et humble de cœur. L'abbé Le Tellier eut, toute sa vie, ce trait de ressemblance avec lui.

Qui l'a vu jamais aspirer au premier rang? Qui ne l'a pas vu, au contraire, prendre place après les autres ? Quoiqu'il eût une fortune relativement assez considérable, il n'en parut jamais rien. Étranger à toute idée de luxe, peu soigneux de son vêtement, content des plus simples meubles, il tenait un train de maison tout à fait ordinaire. Cependant, comme on le voit dans la vie de plusieurs saints, il attachait du prix à ses fleurs. Il faut même dire qu'il a vécu une partie de ses heures de repos en compagnie et caché avec elles. Il en faisait un si bon emploi ! Vous m'avez dit, mes chères Sœurs, qu'il les cultivait pour Jésus-Christ, et, quand arrivait le reposoir du Jeudi-Saint, qu'il était empressé et rayonnait de joie, en les apportant et en les offrant en mémoire de l'Eucharistie et de la Passion. Il finit même par choisir ses plus beaux camélias pour en former l'avenue du gracieux oratoire, que vous avez élevé à la Vierge de Lourdes, comme pour vous inviter à vous y rendre souvent. Du reste, le cher Aumônier de la Visitation a remarqué, avec un grand bonheur d'expression, dans la *Semaine religieuse*, que ce goût si prononcé en lui pour les fleurs était en harmonie avec la nature de ses fonctions : « Il pouvait ainsi passer, presque sans transition, du jardin spirituel au jardin terrestre, se reposer de la culture des âmes par la culture de ses magnifiques arbustes ; et Dieu, souriant à son double labeur, le bénissait chaque année de deux belles récoltes, l'une des fleurs les plus rares et les plus variées, l'autre des fruits plus précieux encore de science, de piété et de force. »

Son humilité étant très-réelle, M. l'abbé Le Tellier se défiait de lui-même. Avant de mettre la main à ce qu'il voulait accomplir, il ne manquait pas de demander à la prière des lumières et des secours. Que de messes il offrit pour attirer la grâce de Dieu sur son ministère! Que de voyages au Champ des Martyrs, de visites au cimetière, sur la tombe de sa fille spirituelle, pour les intéresser à ses travaux!

La louange n'avait aucune prise sur lui. Un jour que l'une d'entre vous se hasarda à lui parler de tout ce que lui devait votre Congrégation, il faillit se fâcher : « C'est Notre-Seigneur qu'il faut remercier, ma fille, répliqua-t-il, car pour moi, qu'ai-je fait, sinon gâter son ouvrage? » « Dans l'exercice de mon ministère, disait-il à une autre, je n'ai pas cessé de demander à Dieu de n'être pas un obstacle au bien. »

La pensée de son néant le poursuivait toujours : « Priez, priez pour moi, je vous en prie! répétait-il avec un accent pénétré. Oh! si vous saviez combien j'en ai grand besoin! » N'est-ce pas là, je le demande, le langage des saints dans tous les temps? Ils font les choses admirablement bien, et, à les entendre, ils ne sont que des instruments inutiles!

M. l'abbé Le Tellier ne sortait guère de ses

habitudes, qui le rappelaient chaque jour aux mêmes lieux et aux mêmes fonctions. Il allait rarement dans le monde, même dans sa famille, et revenait au plus vite à sa chère solitude. Mais il ne négligeait pas la société de ses frères dans le sacerdoce, et y apportait souvent la gaieté, en y apportant un récit plaisant, un mot joyeux, qui prolongeaient l'*angelicam. hilaritatem.* La Doutre a possédé longtemps un Cercle d'amis choisis, qui s'estimaient et s'aimaient réciproquement, dont le commerce avait pour lui des charmes, et parmi lesquels je voudrais laisser encadrée sa mémoire, comme y fut renfermée sa vie. Je ne puis nommer que ceux qui ont disparu. C'était d'abord M. l'abbé Benoît, du Bon-Pasteur, dont la mort prématurée excita tant de regrets, qui, sous les dehors d'une grande réserve, cachait une grande force de caractère et une grande rectitude de jugement. C'était M. l'abbé Charles, du Calvaire, humble et doux, qui jouissait d'une confiance universelle et méritée, et qui portait sur son visage placide et souriant le bonheur d'une âme, qui a gardé les joies pures de sa jeunesse. C'était M. l'abbé Allory, de la Forêt, nature plus ardente, cœur d'or, toujours prêt à rendre service, helléniste distingué, théologien érudit et remarqué dans les conférences. C'était M. l'abbé Lœwenbruck, prêtre venu de la Lorraine parmi nous, missionnaire plein de foi, possédant si bien sa fortune, comme ne la possédant pas, qu'il est mort pauvre, sans s'apercevoir qu'il l'avait toute placée dans le sein de Dieu et dans des œuvres, qui lui survivent. Tous, c'étaient des modèles, qui avaient éminemment l'esprit de leur état, que je suis heureux de réunir ensemble pour leur rendre un commun hommage de vénération, et dont le souvenir se perpétuera longtemps dans les presbytères de Saint-Jacques et de Sainte-Thérèse, où une amitié sincère leur faisait toujours un accueil fraternel et empressé.

Mes chères Sœurs, que vous dirai-je enfin de sa vie unie à Jésus-Christ, de son amour pour ce Maître adoré, *Vita cum Christo?* Un seul mot dirait tout : Il avait un cœur noble, tendre, profond, et l'amour de Jésus-Christ le remplissait tout entier. Cet amour était en lui tel qu'on pouvait vraiment dire, suivant l'énergique expression de l'Apôtre, que son âme était non-seulement bâtie sur Jésus-Christ, mais qu'elle était enracinée dans Jésus-Christ, *radicati et superædificati in ipso*. L'union était si étroite que c'était l'unité même, et qu'il pouvait bien répéter aussi lui : Ce n'est plus moi qui vis, c'est Jésus-Christ qui vit en moi. Jésus-Christ était son souffle, sa lumière, sa vie dans l'ordre naturel, dans l'ordre surnaturel, comme il devait l'être dans le Ciel : *Christus mihi spiritus, et lumen, et vita, tum naturalis, tum supernaturalis, tum beata.*

Cet amour, mes chères Sœurs, vous l'avez indiqué comme la vertu, qui en lui dominait tout le reste. Je cite vos paroles :

« Notre bon Père ne savait que Jésus, ne prêchait que Jésus et son amour. C'était sa passion, et il eût voulu embraser de ce feu divin toutes les âmes confiées à sa sollicitude. Vivre, travailler, souffrir par amour pour Jésus-Christ, voilà ce qu'il recommandait sans cesse, et avec un accent qui remuait tous les cœurs. »

« De ce tendre amour naissait en lui une confiance qu'il s'efforçait d'inspirer à nos âmes : Vous ne craignez pas, disait-il, d'avoir trop d'humilité, de charité, de douceur; ne craignez point non plus d'avoir trop de confiance en lui. Vous n'en aurez jamais assez. »

« De cet amour de Jésus-Christ venait aussi sa grande bonté au tribunal de la pénitence. Il disait à une âme très-éprouvée, mais sans doute trop peu obéissante : J'aurais dû ne pas vous écouter et vous renvoyer, mais je ne puis pas laisser une âme dans la peine. A une autre, qui le trouvait trop indulgent : Oh ! je voudrais bien que vous pussiez vous confesser une fois à Jésus-Christ lui-même ! vous verriez qu'il serait encore bien plus indulgent que moi. »

« La douloureuse Passion était le sujet préféré de ses méditations, et il en parlait avec une onction, qui touchait profondément nos cœurs. Nous devons à ses largesses le beau Chemin de Croix, qui orne la chapelle, et, quand il le suivait, on eût dit qu'il assistait réellement aux scènes de la Passion. »

« Une Association lui fut chère entre toutes, ce fut *la Garde du Cœur de Jésus.* La dévotion à ce divin Cœur était celle, qui avait le plus d'attrait pour lui, et son grand désir était de l'inspirer aux âmes qu'il dirigeait. A son retour de Paray, il fit ériger dans notre chapelle un autel au Sacré-Cœur, et ce fut là le dernier legs de sa tendresse envers nous. Depuis lors, le Cœur de Jésus devint l'unique objet de ses exhortations, et il ne pouvait en parler sans verser des larmes. »

M. l'abbé Le Tellier aimait Jésus-Christ, et aimait ceux, que cet adorable Maître a le plus aimés sur la terre.

« Sa dévotion était toute filiale envers la Sainte Vierge. Il fit le voyage de Lourdes, quand ses forces commençaient déjà à faiblir, et on vit bien que la piété seule l'avait soutenu jusqu'à la grotte bénie. »

« Jésus et Marie visités dans leurs sanctuaires les plus aimés, il lui restait à payer au glorieux saint Joseph, avant de quitter la terre, le tribut de ses hommages et de sa tendresse. Il partit donc pour Villedieu. Il offrit le saint sacrifice dans la modeste et pieuse chapelle, et, comme à Lourdes, y laissa après lui de grandes marques de sa générosité. »

« Nos malades étaient l'objet spécial de son dévouement. Il les visitait souvent, surtout lorsque le dernier combat approchait. Il s'efforçait d'abord de faire accepter la mort, qui coûte toujours à la nature, et quelquefois ce n'était pas sans peine; mais il y arrivait, et, le sacrifice accepté, il ne parlait plus que du ciel, et il en inspirait un tel désir que la plus grande peine de beaucoup de nos chères défuntes était de voir se prolonger leur exil. Comme il était heureux de pouvoir leur faire plaisir! Les premiers fruits de sa serre leur étaient envoyés de sa part; parfois, il les apportait lui-même. »

Il aimait aussi les enfants tant aimés par Jésus-Christ, et, pour eux se dépouillant de la part la plus chère de son patrimoine, il fonda, dans l'hôtel même où il était né, la plus belle école de Saint-Charles à Angers. Il fut aidé dans cette fondation, et le nom, que je devrais associer au sien et louer également, je l'ai rencontré dans d'autres circonstances presque semblables; il est porté par une noble et généreuse chrétienne, qui ne termine une œuvre de charité que pour en recommencer une autre, et dont M. le Curé de Saint-Laud devait recevoir aussi l'hôtel paternel, pour achever les établissements d'éducation de son heureuse paroisse.

Il aimait enfin les pauvres, parce qu'il retrouvait Jésus-Christ caché dans la pauvreté. Étant bon, il donnait sans mesure. Les pauvres seuls pourraient dire ce qu'il donnait. Toujours est-il qu'ils bénissent son nom, et qu'ils affirment qu'aucun d'eux ne fut jamais repoussé. Chez lui la main gauche ignorait si bien ce que donnait la main droite, qu'un jour qu'il venait de donner une somme importante, et qu'il s'apprêtait dès le lendemain à donner aussi abondamment, le cher Curé, qui avait sa confiance et qui le remerciait au nom de sa paroisse, crut devoir lui faire remarquer qu'il avait été la veille très-généreux : Mon cher ami, reprit-il, ce sont là des choses qu'il faut toujours oublier.

Une vertu si parfaite, mes chères Sœurs, devait se perfectionner encore. Un trait manquait à sa beauté, ou du moins il nous reste à l'indiquer. Aimer Jésus-Christ, c'est un jour ou l'autre partager sa croix. La souffrance est la condition et la preuve du parfait amour. Il n'y a qu'une manière d'aimer, qui est celle de Jésus-Christ, lequel nous a aimés jusqu'à nous donner son sang et sa vie, et, dans une mesure ou dans une autre, les âmes prédestinées, dit saint Paul, sont à son visage et à sa ressemblance.

M. l'abbé Le Tellier avait souffert toute sa vie. Ceux qui l'ont connu de plus près disent qu'il était presque constamment en proie à de violents maux de tête, qui devaient finir par triompher de sa robuste constitution. Longtemps, il se roidit contre la douleur, dissimula ses souffrances, et l'énergie de son âme l'emporta sur les défaillances du corps. Mais cette lutte ne pouvait durer toujours, ses forces physiques finirent par succomber, et un jour il dut s'avouer vaincu. Alors se succédèrent les grands sacrifices : il commença par abandonner ses fonctions, qu'il aimait, et eut le courage de les remettre entre les mains d'un successeur, qu'il connut assez pour voir que Dieu allait continuer de bénir la congrégation de Saint-Charles. Bientôt, il lui fallut même renoncer à l'autel, où il était monté tous les jours de sa vie avec la joie du premier jour, et rien ne pouvait le consoler de cette séparation, la plus sensible pour son cœur. Une dernière épreuve enfin l'attacha à la croix de son Maître. Il est certain qu'il a vu clairement l'humiliation douloureuse, qui l'attendait, et il en parla à plusieurs reprises. Il vit l'affaiblissement graduel de ses forces morales.

Il vit la nuit se faire dans son intelligence, le vide dans sa mémoire. Mais, chose remarquable, au milieu de ces ruines, où il ne se reconnaissait pas lui-même, sa vie divine et surnaturelle ne disparut jamais ; en sorte que sa foi, son humilité, son amour de Jésus-Christ n'ont pas cessé de briller en lui, jusqu'à la dernière heure.

Je fais encore appel à vos témoignages, mes chères Sœurs, qui l'avez assisté pendant cette dernière année.

« Dès le commencement, il nous fit part de ses pressentiments : Je sens que je vais tomber en enfance ! O mon Dieu, j'accepte le calice, mais qu'il est amer ! Seigneur, que votre volonté soit faite, et rien que votre volonté ! Que de fois n'a-t-il pas répété cette phrase : Ce que Dieu voudra, tout ce qu'il voudra, et comme il le voudra ! C'était sa devise. »

« Il ne voulait pas qu'on se tourmentât à son sujet : L'avenir est à Dieu, disait-il. Et puis Jésus-Christ ne meurt pas ! »

« Au milieu d'une crise affreuse : Encore plus, Seigneur, encore plus ! s'écria-t-il. »

« Il était poli toujours, reconnaissant des

visites qu'on lui faisait pendant ces longs jours de la maladie, qui sont si longs : Je vous remercie bien, disait-il, car vous faites un grand acte de charité en venant me voir. »

« Il ne savait comment reconnaître le dévouement, l'estime, l'affection du cher et habile docteur, qui luttait vainement contre les progrès de sa maladie. »

« Il était doux, gracieux, toujours satisfait de ce qu'on faisait pour lui : C'est bon, beaucoup trop bon pour moi ! Je vous remercie bien. »

« Aux demandes, qu'on lui adressait sur sa santé, il répondait : Ce n'est rien. Puis changeant la conversation : Mais Mgr Bompois, disait-il, c'est lui ! Oh, quelle perte, s'il mourait ! C'est à n'y pas penser ! Priez, priez bien pour que Dieu nous le conserve ! Pour moi, ajoutait-il, cela ne tire pas à conséquence que je sois malade et que je meure ! Je suis inutile, plus bon à rien ! »

« Il revenait souvent sur la crainte des jugements de Dieu. On eût dit que cette confiance, qu'il avait tant prêchée aux autres, faiblissait en lui. Ce n'était que son humilité qui vivait toujours : Priez, suppliait-il, que le Seigneur ne me repousse pas dans sa colère. Ce n'est pas que je manque de confiance en Notre-Seigneur, mais je suis si misérable ! Oh ! j'espère, parce que je compte sur toutes les prières qu'on fera pour moi ! oui, à cause de cela, Dieu me pardonnera ! »

« Il aimait tous les membres de notre congrégation. Cependant il avait une prédilection pour les plus jeunes membres de la famille, qui sont au noviciat. Pendant ses plus mauvais jours, il voulait qu'on lui en parlât. Sa pensée, comme son cœur, se reportait avec plaisir sur ce parterre, ainsi qu'il aimait à l'appeler, sur ces petites fleurs, qui s'épanouissent aux rayons de la grâce. C'était le réjouir que de le tenir au courant du nombre des novices, de lui apprendre qu'une nouvelle avait augmenté la famille. Il leur envoyait aussitôt un message : Dites-leur, dites-leur qu'elles aiment bien Notre-Seigneur ! »

« Et lorsqu'on lui demanda enfin une dernière bénédiction pour toute la Communauté : Ce n'est pas moi, répondit-il, qui vais vous bénir, mais le cœur de Jésus-Christ ! »

Ainsi : « Qu'elles aiment bien Notre-Seigneur !

et que le cœur de Jésus-Christ vous bénisse ! » tel est, pour les Religieuses de Saint-Charles, le testament de leur premier Aumônier.

Et de cette façon s'éteignit, ici-bas, cette vie cachée en Dieu avec Jésus-Christ, qui éclate même sous les voiles épais, dont Dieu voulut couvrir ses derniers jours.

Et deux mots peuvent résumer cet imparfait éloge de M. l'abbé Le Tellier : Dieu l'avait comblé de ses dons ! Lui, il donna à Dieu son cœur et sa vie !

III

Maintenant, mes chères Sœurs, quelle conclusion pratique donner à ce discours ? Car il ne suffit pas d'admirer une telle vie, si belle qu'elle soit, et de l'honorer de vos sincères regrets ! Il ne suffit pas de témoigner à M. l'abbé Le Tellier votre juste reconnaissance, en priant pour lui ! Non, et le plus bel hommage à lui rendre encore est de marcher sur ses traces et d'imiter ses vertus !

On voit dans l'histoire des familles religieuses que leurs principaux fondateurs ont été choisis par Dieu pour personnifier leur caractère propre, leurs vertus distinctives, en sorte que, pour vivre et persévérer dans leur vocation, elles n'ont qu'à rester attachées aux leçons et aux exemples, qu'ils ont donnés, qu'à demeurer dans la voie qu'ils ont tracée et parcourue les premiers. Saint-Charles, lui aussi, quel que soit le long avenir que la Providence lui réserve et que méritera sa fidélité, en reportant ses regards vers son origine, afin d'admirer les bénédictions répandues sur ses commencements, apercevra toujours et saluera avec reconnaissance deux prêtres, distingués entre tous par les services rendus, bien qu'à des titres divers, que Dieu avait réunis dans un même but, et qui ont travaillé à la même œuvre dans le plus parfait accord de sentiments et de pensées : l'un comme Aumônier, qui est celui-là même, que vous pleurez aujourd'hui ; l'autre, comme Supérieur, qui est ce prélat aimé et respecté, dont la mort eût été un deuil public, et que vos prières et vos soins ont rendu à la santé avec l'espoir de le conserver encore longtemps.

Sans doute, en les plaçant tous deux à votre tête, pour vous diriger et vous gouverner pendant un quart de siècle, c'est-à-dire pendant la période laborieuse de votre fondation, Dieu a voulu d'abord asseoir solidement votre maison dans l'esprit propre à la mission, qu'elle doit remplir ; mais il a voulu aussi une autre chose, il a voulu vous donner des modèles, qui resteraient perpétuellement posés devant vous et offerts à votre imitation.

La vie religieuse, en effet, a plus d'un point de contact et de ressemblance avec la vie sacerdotale. Je trouve, par exemple, mes chères Sœurs, que la première partie de votre vie ressemble beaucoup à celle de votre Aumônier. N'est-ce pas la même histoire extérieure, celle que Dieu vous a faite, et qui se compose de ses dons ?

Il fut comblé des grâces de la Rédemption, c'est vrai ! Et vous donc ! Ah ! on ne regarde pas assez de ce côté-là de la vie, on ne voit pas assez toutes les attentions paternelles, dont Dieu nous entoure ! Est-ce qu'il n'a pas eu, pour vous aussi, une préférence marquée ? Est-ce qu'une famille chrétienne, une mère chrétienne, une éducation chrétienne ne sont pas les premiers bienfaits de sa part, et les plus décisifs souvent? Et votre vocation, est-ce que saint Paul ne lui donne pas le premier rang ici-bas, comme saint Jean le lui donne dans le ciel? Et, dans cette vocation même, quelle vocation spéciale est la vôtre! La plus belle, la plus nécessaire, la plus appropriée aux besoins du temps présent, celle de l'éducation des pauvres et des petits enfants!

Mais si votre histoire extérieure est semblable à la sienne, pourquoi votre histoire intérieure ne le serait-elle pas également? C'est-à-dire, pourquoi, ayant comme lui beaucoup reçu, ne seriez-vous pas fidèles comme lui? Pourquoi votre vie totale ne ressemblerait-elle pas à sa vie, qui a été la vie cachée en Dieu avec Jésus-Christ?

Mais ici, pour mieux vous persuader, c'est lui que vous allez entendre, et, puisque les morts ont une parole, qu'il vous parle donc une dernière fois!

O mes filles bien-aimées en Jésus-Christ, vous, le troupeau dont il m'avait fait le pasteur, je vous en conjure, aimez par-dessus tout la vie cachée en Dieu avec Jésus-Christ! C'est la vraie vie religieuse, comme c'est la vie sacerdotale! Aimez et pratiquez, par conséquent, les vertus qui la constituent et la réalisent sur la terre :

La foi d'abord, qui soumet l'esprit pour l'agrandir et l'élever jusqu'à Dieu ! La foi complète, qui accepte toute la loi et toute la doctrine ! La foi vivante, qui donne aux actes de la vie des motifs surnaturels, et par là leur mérite et leur grandeur ! La foi, qui dans le passé éclaire les origines, qui dans l'avenir ouvre les glorieuses perspectives ! La foi, qui montre le néant des choses créées, et la réalité des espérances chrétiennes ! La foi qui donne des droits au bonheur et à la perfection même de Dieu !

L'humilité ensuite, tant recommandée dans l'Évangile, et tant pratiquée par Jésus-Christ ! L'humilité, qui abaisse jusqu'à lui sur la terre, pour élever jusqu'à lui dans le ciel ! L'humilité, qui est la vraie science, la vraie force, la vraie distinction ! L'humilité, qui inspire la défiance de soi, qui fuit la louange, qui cherche le silence et la retraite ! L'humilité, qui obéit toujours, qui préfère la pauvreté à la richesse, la chasteté au plaisir ! L'humilité, qui donne la bonté, la réserve, la modestie, la douceur, sa compagne inséparable, l'une n'allant jamais sans l'autre !

Enfin l'amour de Jésus-Christ ! Souvent, vous vous en souvenez, je vous ai parlé de ce Maître adorable, et de son Cœur sacré ! Eh bien, j'aurais dû vous en parler encore davantage, car on ne le connaît et on ne l'aime jamais assez ! Il est le bien souverain, la suprême beauté, l'amour lui-même ! Mais, prenez-y garde, il faut l'aimer d'un amour fort, aussi fort que la mort, l'aimer sur sa croix comme dans son Eucharistie, l'aimer avec ses plaies et sa couronne d'épines. Épouses de Jésus-Christ, vous devez tout partager avec lui, et aimer ce qu'il a tant aimé, et sa divine Mère, et saint Joseph, et les pauvres, et les malades, et les petits enfants surtout !

Et ainsi, mes Sœurs en Jésus-Christ, et vous, mes Frères dans le sacerdoce, vous tous mes amis, vous aurez la vie cachée du sacrifice et du devoir sur la terre, mais c'est la vie glorieuse dans l'éternité ! *Vita vestra est abscondita cum Christo in Deo. Cum Christus apparuerit, vita vestra, tunc et vos apparebitis cum ipso in gloriâ !*

Ainsi soit-il.

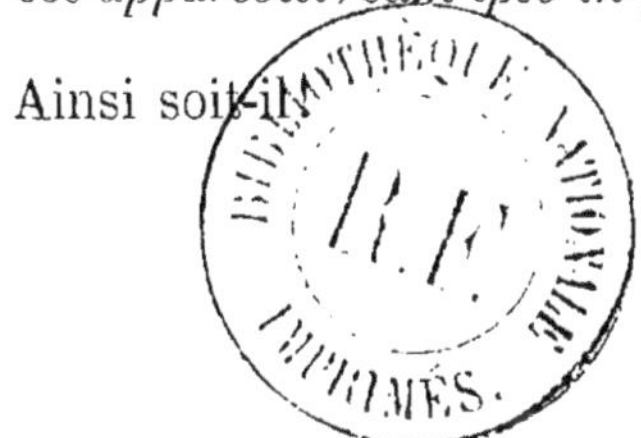

www.ingramcontent.com/pod-product-compliance
Ingram Content Group UK Ltd.
Pitfield, Milton Keynes, MK11 3LW, UK
UKHW012108240726
13965UKWH00004B/1621

9 782013 046688